PARIS. — IMPRIMERIE DE J. CLAYE
RUE SAINT-BENOIT, 7

LE

DROIT DE PARLER

LETTRE A M. IMHAUS

PAR

EUGÈNE PELLETAN

Di meliora

DEUXIÈME ÉDITION

PARIS

PAGNERRE, LIBRAIRE-ÉDITEUR

RUE DE SEINE, 18

1862

LE
DROIT DE PARLER

LETTRE A M. IMHAUS

I

Je ne vous connais pas, Monsieur, et, sans chercher précisément à vous connaître, j'éprouve cependant pour vous une lointaine sympathie. Vous êtes un des hommes de ce temps-ci, qui prouve le mieux, par son exemple, la victoire de la démocratie sur l'ancien régime. Car, si je ne me trompe, autant et plus qu'aucun de nous, vous avez le droit d'invoquer la modestie du berceau.

Vous avez débuté dans le monde par l'état de mécanicien. Vous aviez le génie du coup de lime, vous êtes monté, du premier jour, au rang de contre-maître. Alors vous avez jeté un regard sur la France, et, la trouvant encombrée de contre-maîtres, sans compter les maîtres, vous avez désespéré d'y trouver le placement de votre mérite. Vous avez cherché sur la mappemonde une terre digne de votre talent, et vous l'avez trouvée à l'île de la Réunion.

A votre entrée en scène, et comme lettre de naturalisation, vous y avez porté une manivelle ingénieuse pour la triture de la canne à sucre. Grâce au service que vous avez rendu à la fabrication de la cassonade, vous avez obtenu une place de confiance sur une plantation. Dans cette nouvelle fonction, vous avez eu à diriger le travail des nègres et à les dresser, en douceur, à rendre à César ce qui appartient à César. Mais si vous y avez fait votre apprentissage du principe d'autorité, vous traitiez toujours vos esclaves, j'en ai la conviction, avec votre amabilité de nature, et le soir ils dansaient gaiement la bamboula sous vos fenêtres.

Vous avez ainsi épousé la fortune, Monsieur, et la fortune vous a conduit à Paris. Toutefois veuillez comprendre ma pensée. Si je rappelle, en ce moment, votre point de départ, ce n'est pas pour vous en faire un reproche, mais au contraire un titre d'honneur. Être comme vous le fils de ses œuvres, qui ne doit qu'à lui-même sa place au soleil, voilà pour moi la noblesse; je m'entends : la noblesse du travail, et celle-là vaut bien la noblesse de l'antichambre.

A quelque temps de là, vous avez révélé, dans une négociation délicate avec l'Angleterre, une merveilleuse aptitude à la diplomatie; M. de Persigny, alors ambassadeur, vous avait vu de près, vous avait jugé à l'œuvre, et comme il avait besoin d'un homme selon son cœur pour remplacer le vicomte de La Guéronnière, il vous a nommé directeur de la librairie.

Dieu me préserve, Monsieur, d'aventurer ici ou seulement d'insinuer quoi que ce soit qui puisse affliger, effleurer même votre amour-propre; mais savez-vous bien que chaque matin, à votre réveil, vous avez le droit de vous dire, en vous regardant à votre glace : C'est pourtant moi qui tiens la main sur la bouche de la France, et qui lui mesure la parole !

Descartes aurait refusé ce poste; vous l'avez accepté, je crois bien, par dévouement à M. de Persigny, pour le décharger de l'embarras de choisir un autre directeur. Cependant, Monsieur, permettez-moi de vous faire une demande. Pour peu que vous la trouviez indiscrète, vous pourrez la jeter au panier.

Vous êtes-vous jamais posé cette question : Qu'est-ce que la pensée ? qu'est-ce que l'écrivain ?

II

Comme je ne suppose pas que vous ayez l'intention d'entrer en correspondance avec le signataire de cette brochure, je réclame la permission de faire moi-même la réponse.

Lorsque Dieu créa l'homme, il le créa esprit et corps : corps, pour donner à la matière une marque d'estime; esprit, pour trouver sur la terre à qui parler. Au premier moment, toutefois, il ne fit l'homme qu'à moitié; car l'homme tel qu'il était à l'origine, dans la nature telle qu'elle était, n'aurait pu fournir sa carrière. Mais en donnant l'esprit à cet être inachevé, Dieu lui avait repassé son don de création et lui avait dit : Achève-toi toi-même.

L'homme pensait ; il pensa, et il tira successivement de son cerveau sa fourrure, sa nourriture, la mécanique, l'architecture, l'industrie, le commerce, la législation ; en un mot tout le complément de son existence et tout le mobilier de la civilisation, cette magnifique revanche de l'humanité contre la nature.

La nature opprimait l'homme au début, mais l'homme a changé de rôle avec elle et l'a réduite à la domesticité. Vous voyez, Monsieur, qu'on a mauvaise grâce à dire qu'il n'est pas né pour la liberté, puisque tout ce qu'il a fait dans le passé il l'a fait pour échapper à la servitude du besoin, par conséquent, pour acquérir une liberté ; puisque son habit est un article de cette charte constitutionnelle, sa maison un autre article, et la législation, enfin, tout entière une liberté suprême destinée à garantir ces diverses libertés contre le coup de main des voleurs.

L'homme a donc l'obligation rigoureuse de penser : qu'il cesse de penser, et il meurt ; de son vivant même il meurt partiellement en raison de toute diminution de pensée. Mais qui dit penser dit parler, car le même mot, dans toute langue, a toujours identifié la raison à la parole : *logos* en Grèce, *verbum* ailleurs. Je vous demande pardon de vous parler grec et latin.

Ainsi, l'homme ne pense qu'à la condition de parler, c'est-à-dire de mettre sa pensée en commun, et de la transmettre par l'écriture. Grâce à la parole écrite, la terre tout entière ne forme qu'une patrie : la patrie de l'intelligence. Partout où un penseur médite, n'importe sous quelle latitude, j'ai en lui un concitoyen, et, sitôt qu'il découvre une vérité, il la partage avec moi, comme le pain de l'eucharistie, à la cène universelle de l'esprit.

Mais cette vérité ne peut passer à l'état de croyance, autrement convertir, une à une, chaque raison individuelle, qu'autant qu'elle correspond à la nature commune, c'est-à-dire à l'essence même de la raison; car l'erreur, en tant qu'erreur, ne saurait jamais avoir le don de conversion; elle entre cependant pour une part dans l'humanité. Qui pourrait le nier, sans faire lui-même preuve d'erreur ?

Oui, sans doute, mais jamais avec la complicité de la raison, contre sa volonté au contraire; ou bien parce que la raison sommeillait dans l'ignorance, ou bien parce qu'elle avait cédé la parole à la passion. Que faut-il donc pour chasser l'erreur, cette contrebande de l'âme humaine? Il faut précisément réveiller la raison, la rétablir dans sa puissance. Et par quel moyen? par la discussion.

La discussion, Monsieur, voilà l'hygiène de la pensée contre l'erreur. C'est à force d'en appeler de la croyance trompée à la croyance éclairée, qu'elle maintient l'âme humaine en santé; chaque fois qu'un esprit trébuche, il trouve à point nommé à côté de lui un sauveur inconnu pour le redresser... à condition toutefois que le sauveur ait la liberté de sauver, c'est-à-dire de parler.

Voilà ce qu'est la pensée ; voyons ce qu'est l'écrivain.

III

Chacun de nous pense sans doute, mais ne pense pas également; car, pour le plus grand nombre, il faut vivre avant de réfléchir : vivre, autrement dit, travailler, labourer, naviguer, forger, tisser, vendre, acheter, toute chose qui prend à peu près toute la journée du travailleur et ne lui laisse guère de loisir pour l'étude.

Mais à côté, mais au-dessus de la masse ténébreuse, courbée sur son métier du matin au soir, il y a, il doit y avoir du moins une élite pensante, rachetée de l'obligation du travail manuel et préposée en quelque sorte à l'administration de l'intelligence.

D'où vient cette classe? qui la nomme? Est-ce la faveur? Non. Est-ce la naissance? Non plus. C'est une voix d'en haut, ou, si vous aimez mieux, c'est la vocation. Quiconque met la main là et y sent quelque chose sort de la foule et prend la parole. On a nommé ce volontaire de l'inspiration de bien des noms dans le passé; depuis l'invention de l'imprimerie on le nomme l'écrivain.

Qu'on le veuille ou qu'on le nie, c'est l'écrivain qui représente le génie d'un peuple, c'est lui qui en élève sans cesse l'intelligence, c'est lui qui dirige moralement la société, qui la réforme, qui la transforme, qui l'achemine de progrès en progrès, et dégage de siècle en siècle l'idée de droit enfouie dans la conscience, pour la porter au pouvoir.

Et qui donc, sans vouloir sortir de notre pays, ni remonter plus haut que le siècle dernier, a retiré la France du bagne de la féodalité, a supprimé la corvée, a effacé la torture, a déchiré la lettre de cachet, a déshonoré enfin l'effroyable monstruosité de l'ancien régime, si ce n'est un écrivain, tantôt celui-ci, tantôt celui-là, tantôt Montesquieu, tantôt Turgot, tantôt Rousseau, tantôt Voltaire?

Et qui donc a fait la Révolution, notre foi et notre raison d'être à nous autres tous, rachetés par elle de l'indignité de la roture? Cherchez, n'importe dans quel ordre de faits ou d'institutions, ce qui a grandi ou glorifié la France, et je vous mets au défi de trouver un droit, un principe acquis, qu'un écrivain n'ait proclamé le premier et payé de la Bastille.

Et vous-même, Monsieur, qui donc encore vous a fait au moral? Tout ce que vous croyez, tout ce que vous savez, vous le croyez et vous le savez parce qu'un écrivain l'a dit quelque part, lorsque vous dormiez encore sur le sein de votre nourrice. Si l'anatomie pouvait disséquer l'esprit comme elle dissèque le corps humain, elle dirait à point nommé, en faisant l'analyse de votre bagage intellectuel : Voilà une idée de Benjamin Constant, voici une idée de Béranger, etc. Vous voyez combien l'état même de votre cerveau vous recommande le respect pour votre justiciable actuel, car si vous n'aviez jamais lu aucun livre, vous auriez juste l'esprit d'un sabotier du Morvan.

Pour tout dire, enfin, ce qui distingue la barbarie de

la civilisation, c'est l'écrivain. Retirez l'écrivain à la France, vous n'avez plus la France, vous n'avez que la Russie. La Russie, sans doute, peut encore compter sur le champ de bataille; elle n'a qu'à prendre un butor approvisionné d'un certain instinct, et peut-être elle aura un nouveau Souwarow; mais pour avoir étouffé chez elle le droit d'écrire, elle brille dans sa neige d'un génie plus pâle encore que son pâle soleil.

Ainsi, Monsieur, plus l'écrivain tient de place dans la société, et plus il élève la société à sa hauteur. Prenez le comme vous voudrez, mais c'est le cri de ma conscience. On nous traite assez durement pour nous rendre le droit de l'orgueil.

IV

La réalité, hélas! ne nous ramène que trop brusquement à la modestie. Elle nous dit en effet : Écrivez et mourez, et si vous avez fait preuve de talent, peut-être bien que, dans un siècle, vous aurez quelque part une statue; mais écrivez et vivez, et vous apprendrez, à votre corps défendant, qu'un esprit de défiance regarde la profession de la pensée comme une industrie dangereuse, et la condamne à l'éventualité de la prison.

Mais pourquoi demander compte à l'écrivain de sa croyance? Est-ce qu'il croit, est-ce qu'il dit ce qu'il veut, comme il le veut? La fonction serait trop commode en conscience; il ferait route alors par tous les vents et sur toutes les écumes. Non, l'écrivain croit et dit ce que veut la dictature intime de la vérité.

Il n'a pas choisi sa croyance à proprement parler, il l'a plutôt subie comme une violence à son esprit, le jour où il l'a trouvée certaine, et par sa certitude même identique à la raison, immuable comme la raison. A partir de ce moment elle coule dans le sang de l'écrivain, elle fait partie de sa vie; on ne peut l'arracher sans arracher un lambeau de son être; et alors ce n'est plus un homme, ce n'est qu'un spectre; il ne marche plus, il erre... comme Galilée après le désaveu de sa découverte.

Ce n'est pas que je prétende pour cela que nous devions nécessairement posséder la vérité. Hommes de chair, et, à ce titre, faillibles, tous tant que nous sommes, au pouvoir et hors du pouvoir, qui de nous aurait la présomption de lever la main et de dire : Je tiens la vérité? Il suffit que nous pensions la tenir, que nous l'aimions, que nous la cherchions éperdument, que nous ayons mis de notre côté toutes les chances morales et intellectuelles de la certitude : morales par la bonne foi, intellectuelles par l'étude; c'est assez pour l'infirmité humaine, nous avons satisfait à notre consigne.

Mais de ce jour aussi, nous ne nous possédons plus, nous avons fait avec elle un pacte à la vie et à la mort; elle nous domine, elle nous maîtrise; nous voudrions écarter de nous cette voix despotique de la conviction qu'il y aurait, pour nous punir de ce délit contre nous-mêmes, une police correctionnelle bien autrement sévère que la sixième chambre; car ce ne serait pas seulement une sentence d'un quart d'heure et pour un temps donné qu'elle signerait contre nous, mais bien une condamnation et une peine de chaque minute, puisque nous la porterions sans cesse, en nous, avec nous, jusque sur notre chevet. Lorsque nous irions nous asseoir à notre table de travail, nous l'entendrions nous murmurer : Quoi ! tu as menti à toi-même et tu veux parler aux hommes ! Ah ! plutôt le ciel en feu de l'Afrique, si jamais le malheur des temps voulait qu'on prît le soleil, le dieu de la lumière, pour châtiment de la pensée !

Il y a donc, Monsieur, dans la conviction, quelque chose d'involontaire qui échappe à la liberté et par conséquent à la responsabilité; nous n'en avons ni le mystère, ni la disposition, et en bonne justice nous n'en devons porter ni le tort, ni le mérite. Nous connaissons, il est vrai, des esprits plus indépendants, qui ont une croyance à volonté, comme une toilette de rechange. Ils ne connaissent de vérité en politique que la différence du prix faible au prix fort, et chaque fois qu'ils disent quelque chose on est tenté de leur demander : Combien vous a-t-on payés pour parler ainsi ? Après cela il y a peut-être une considération à leur décharge : ils tirent ainsi d'eux-mêmes le meilleur parti. Ils n'ont d'autre talent que l'esprit de domesticité. La nature les a faits valets ; ils servent un maître, ils font leur métier.

Ainsi, pour nous résumer, l'écrivain n'a pas plus la liberté de choisir que de taire la vérité. Quand il croit la tenir, cette vérité lui brûle la main ; il faut qu'il l'ouvre et il l'ouvrira, dût-il ensuite offrir sa tête en otage. De tout temps l'homme a frappé l'homme pour une idée, et jamais, même sous la hache, l'idée n'a renoncé à la parole. Connaissez-vous quelque chose de plus grand sous le soleil?

Maintenant, Monsieur, voyons le sort que la loi a fait à l'écrivain.

V

Je commence par déclarer que si jamais quelqu'un, n'importe qui, n'importe où, a professé pour la loi de son pays la religion du bon citoyen, je crois encore avoir le droit de mettre une enchère sur celui-là, car j'attache au culte de la loi, non pas seulement au culte forcé, mais au culte volontaire, une condition de vie et de mort pour la démocratie.

A qui veut être libre, je dirai toujours : Respecte la loi! car en dehors de la loi, il n'y a pour maintenir l'ordre que le sabre; et à qui veut être fier, je dirai encore : Respecte la loi! car en la respectant de toi-même, tu la votes une seconde fois au fond de ta conscience; tu montes en quelque sorte au rang de législateur. Aussi je la respecte tellement pour mon propre compte, et d'un respect tellement forcené, que souvent je me fais peur à moi-même.

La loi, toutefois, n'est pas fille du hasard; elle a une mère ici-bas, et cette mère, ai-je besoin de la nommer? c'est l'intelligence. L'intelligence garde sur sa fille, reine muette du pays, sa prérogative maternelle de bon conseil. La loi, d'ailleurs, reconnaît la première que, perfectible par nature comme toute chose humaine, elle doit obéir à la loi des lois, à la loi du progrès. Pour elle, comme pour l'intelligence, le bien n'est qu'un encouragement au mieux, c'est-à-dire au mot d'ordre de l'humanité.

J'ai donc la conviction que signaler le mieux à la loi, c'est la flatter dans son amour-propre et prendre date dans sa reconnaissance. Car elle a trop bonne opinion d'elle-même pour ne pas tendre à la première gloire en ce monde, à la gloire du perfectionnement, et pour ne pas chercher à rapprocher son texte, toujours plus ou moins faillible, de l'idéal suprême de la justice.

Ceci expliqué, j'entre en matière. Si je dis un mot de trop, prenez que je n'ai rien dit, car j'entends rester non-seulement dans la légalité, mais dans la convenance. J'aime le bon goût, je recherche le bon ton; c'est pour moi l'uniforme et l'insigne de la vérité.

La loi née de l'intelligence a donc cru devoir réagir contre l'intelligence, et, pour la soumettre à une discipline sévère, elle a commencé par faire de l'imprimerie comme de la librairie une industrie à part, régie par un code à part; elle les a organisées l'une et l'autre en monopole, et les a mises en quelque sorte en régie. Car pour imprimer un livre ou pour le vendre, il faut une dispense de l'État sous forme de brevet. Or, ce brevet, l'État le donne et le retire à volonté, d'un trait de plume, après une ou deux contraventions. La loi, en outre, déclare l'imprimeur, comme l'éditeur, légalement responsables du délit de l'écrivain, de sorte qu'elle les frappe dans leur personne et dans leur industrie, qu'elle les punit de la prison et de la ruine, et par conséquent les punit une fois plus que le principal coupable.

Cette solidarité forcée de l'imprimeur avec l'écrivain fait de l'imprimeur le censeur obligé de tout manuscrit présenté à la composition. Or, comme il y va de son état, du pain de sa famille, il refuse impitoyablement son office non-seulement à tout livre suspect, mais encore à tout livre suspect de pouvoir être suspecté par le parquet. La loi, qu'elle le veuille ou non, met ainsi la pensée sous la domination de la machine.

L'imprimerie et la librairie ont redoublé l'une et l'autre de timidité depuis qu'elles ont vu M. Beau et M. Dumineray perdre chacun son brevet pour la brochure du duc d'Aumale et subir fraternellement l'un six mois, l'autre une année de prison. Ah! Monsieur, Dieu vous garde jamais, vous et les vôtres, de passer une année à Sainte-Pélagie!

VI

Puisque j'en trouve l'occasion, je reconnais volontiers que la préfecture de police traite le détenu politique avec assez de ménagement, je pourrai même ajouter : en aristocrate de la prison. Pendant que le prisonnier vulgaire traîne sur lui la livrée de son délit, la veste et la culotte grises, le prisonnier politique reçoit de la munificence de l'État une jaquette et un pantalon de velours. Il a droit, en second lieu, à un morceau de pain blanc, à une chopine de vin, à une soupe grasse et à un plat de viande quatre fois par semaine. Il reçoit enfin la visite de ses amis dans sa cellule, et pour peu qu'il désire conserver sa garde-robe ou envoyer prendre sa nourriture au restaurant, il pourra porter son habit de chaque jour et manger à sa faim : la préfecture de police lui laisse à cet égard pleine licence. Cependant, en dépit de la bonne grâce de l'administration pour le condamné politique, M. Dumineray séchait de tristesse à Sainte-Pélagie et il portait sur sa figure la nostalgie particulière, disons le mot, la jaunisse de la prison.

C'est qu'à Sainte-Pélagie l'art de punir semble avoir tout calculé pour porter la pensée du prisonnier à la résipiscence : cette porte rébarbative qui dit évidemment au passant : Malheur à qui entre ici ! ce greffe où il faut mettre la tête sous le niveau, car l'État veut savoir la taille exacte de ses locataires à un centimètre près ; ce puisard de trente pas destiné à la promenade, où le soleil ne jette un regard fugitif qu'au mois de juillet ; cet escalier peint en noir comme si la pierre elle-même portait le deuil de votre innocence ; ce trousseau de clefs qui carillonne sans cesse à la ceinture du gardien et remplit nuit et jour l'imagination d'un bruit de fer ; ce verrou mélodramatique de taille extravagante que chaque soir on pousse, à heure fixe, genre d'opération que l'on appelle *boucler*, — tout cela dit, tout cela crie au regard et à l'oreille du prisonnier que, tombé du rang d'homme libre à l'état de serf de la peine, diminué dans sa personne, *capite minutus*, il ne s'appartient plus, il appartient à un geôlier.

Vous comprenez, Monsieur, que la perspective d'une résidence forcée, même au pavillon de l'est, ce paradis de Sainte-Pélagie, dût-on voir, la nuit dans son rêve, voltiger autour de son chevet l'ombre de Paul-Louis Courrier ou l'ombre de Carrel, vous sentez, dis-je, que cette éventualité funèbre jette l'esprit de l'éditeur dans un continuel délire de prudence. C'est toujours au microscope et d'un œil effarouché qu'il lit un manuscrit. Sous le verre grossissant de la terreur, il entrevoit partout un cas de mort pour son brevet. Il retourne chaque mot, comme on retourne une pierre en Italie, pour voir s'il y a un scorpion caché dessous. Sitôt qu'il aperçoit un passage douteux, il marque la page à l'encre rouge. Et ainsi, de rature en rature, le livre n'arrive au public qu'après avoir perdu toute virilité d'idée et toute énergie de langage.

Le livre a paru néanmoins; l'auteur l'a cru irréprochable, le libraire l'a déclaré honnête, l'imprimeur l'a reconnu modéré, le parquet l'a proclamé innocent, puisqu'il n'a requis aucune poursuite. Ce livre a-t-il maintenant le droit d'aller, de venir, de circuler librement, de porte en porte, partout où il a chance de trouver acquéreur? Non, Monsieur. Il a pu paraître, mais il ne peut voyager, car pour voyager il faut une conscience plus immaculée que pour paraître. S'il tient à prendre l'air de la campagne, il doit demander à la commission du colportage un supplément d'innocence; la commission l'examine attentivement et, lorsqu'elle l'a trouvé digne de son visa, elle l'admet au bénéfice de l'estampille; alors il peut aller.

Le livre cependant, il faut bien le reconnaître, possède le privilége d'une liberté relative. Il peut traiter d'une question de politique sans passer par l'épreuve de l'autorisation préalable.

VII

C'est pour le journal que la législation actuelle déploie toute l'opulence de sa sévérité; c'est contre le journal qu'elle amasse, qu'elle entasse, comme avec la main, précautions sur précautions : précautions préventives, précautions répressives, de l'autorisation préalable, du cautionnement, du droit de timbre, du droit de poste, de la nomination de la gérance, du choix de la rédaction en chef, de la signature de l'article, de l'avertissement, de la suspension, de la suppression, de la poursuite en police correctionnelle et de l'interdiction de la publicité des débats.

Je respire, Monsieur : j'ai fini. Et je ne parle pas de l'avertissement officieux, de ce personnage affable, en habit noir et en cravate blanche, qui fait de temps en temps une tournée dans les journaux et leur dit successivement avec une exquise courtoisie : Voici un cas réservé, taisez-vous de bonne amitié.

Croyez-vous cependant cette somptuosité de précautions indispensable au salut de la société? Examinons cette question avec toute la déférence imaginable pour le décret de février. Permettez-moi d'abord de vous soumettre une réflexion.

J'entends dire souvent : la France n'est pas un pays de liberté, mais c'est la terre sacrée de l'égalité; je connais même des égalitaires forcenés qui préfèrent hautement l'égalité à la liberté, sans trop savoir ce qu'ils disent, car la liberté et l'égalité représentent les deux faces d'une même médaille.

Me plaçant donc au point de vue de ces libéraux patients qui veulent nous consoler de la liberté par le spectacle de l'égalité, je leur demanderai comment ils peuvent concilier leur principe avec le système de l'autorisation. Car enfin l'égalité ne représente qu'une fiction, ou bien elle signifie que chacun de nous possède exactement le même droit, pesé à la même balance.

Mais l'autorisation préalable partage la presse militante en deux classes, en une classe privilegiée et une autre disgraciée, en noblesse, à proprement parler, et en roture de l'écritoire. Je veux fonder un journal, je me présente au pouvoir; il me répond : Je ne te connais pas. Passe ton chemin. Et à peine ai-je quitté le seuil de l'antichambre que par cette même porte et à la même minute, je vois entrer un autre postulant qui va recevoir, quoi? précisément le blanc-seing qu'on vient de me refuser.

Voilà donc l'État, qui du haut de sa majesté impersonnelle ne doit connaître que la nation et ne traiter qu'avec elle, obligé de descendre à de misérables questions de personnes, condamné à discuter des noms propres, des individus, des talents, des opinions. De quel droit et sur quel fondement? Car enfin, lorsque M. de Persigny revendique courageusement devant l'opinion un pouvoir *dictatorial et arbitraire* sur la presse, il sous-entend à coup sûr que, dans l'exercice de ce pouvoir, il obéira le premier à une dictature plus puissante encore que sa propre dictature, à l'omnipotence de la raison.

Dieu lui-même a besoin d'avoir raison, disait Bossuet.

Qu'il accorde ou qu'il refuse l'autorisation de fonder un journal, il doit avoir une règle de conduite et mettre une logique dans l'administration de l'arbitraire. Sinon autant vaudrait tirer les noms, au hasard, dans un chapeau.

Je comprendrais, par exemple, que le ministre de l'intérieur rejetât systématiquement la demande de tout journaliste condamné pour délit de presse ou frappé administrativement pour son opinion. Il y aurait là sans doute aggravation de la peine déjà subie, et j'aurais autant que qui que ce soit le droit d'en gémir. Mais je raisonne dans l'ordre d'idées du gouvernement, et je conçois qu'à son point de vue il exige pour l'autorisation préalable une virginité complète de toute condamnation judiciaire ou administrative.

Et pourtant non, Monsieur : sur quatre autorisations de fonder un journal que le ministère a données, dans ces derniers temps, il les a données toutes les quatre à des écrivains condamnés judiciairement ou frappés ministériellement. Ce n'est pas à ce titre bien entendu, Monsieur, que je vous ai adressé une demande d'autorisation ni que j'espère l'obtenir.

Je comprendrais encore que, dans la donnée éminemment conservatrice de l'Empire héréditaire, l'autorisation préalable jetât l'anathème à tout écrivain entaché d'un précédent de démagogie. Certes, je sais par expérience combien on abuse, dans ce monde, du mot de *démagogie*. Quelqu'un a bien voulu m'appeler dans le temps un démagogue. Un démagogue? moi! Ah! monsieur le ministre, nous mourrons, tous les deux; mais que répondrez-vous au Dieu de la vérité, lorsqu'il vous demandera compte de cette parole?

Eh bien! non, cependant; quand je prends la nomenclature des autorisations données, j'y vois figurer tantôt le nom du rédacteur d'une feuille démocratique et sociale bien connue, et tantôt le nom d'un écrivain terroriste, d'un apologiste de la guillotine et encore aujourd'hui terroriste avec cette légère variante : qu'il appelle l'échafaud le principe d'autorité.

Je comprendrais enfin que l'autorisation préalable écartât du journalisme, avec une délicatesse d'hermine, le manieur d'argent, l'oiseleur de la Bourse, qui ne voit dans la presse qu'une pipée pour appeler et pour plumer l'actionnaire, car si la presse a une raison d'être dans ce monde, c'est d'être, avant toute chose, une œuvre de pensée, le catéchisme de l'opinion.

Mais non toujours. Quand je passe en revue les élus que le ministre a mis à la tête de journaux, je vois briller, sur la liste de sa préférence, certains banquiers qui n'avaient pas épousé le journalisme assurément pour l'amour de la pensée. Quelques-uns ont passé sur les bancs de la police correctionnelle; tous n'ont pas été condamnés sans doute; mais que de désastres, que de foyers renversés ils ont laissés derrière leur innocence!...

Est-ce votre faute? Non, Monsieur, pas plus que la faute de vos prédécesseurs, je me hâte de le déclarer. C'est le tort de la situation : vous voulez juger des hommes, qu'en savez-vous? qu'en pouvez-vous savoir? M. Chassin sollicite la permission de publier un journal, on ne croit pas même devoir lui faire de réponse, et lorsque M. Jules Favre en demande la raison à M. Billault, M. Billault répond que M. Chassin a rédigé en 1848 *le Père Duchesne.* Or, en 1848, M. Chassin terminait son éducation classique au collége de Nantes, et M. Billault pouvait lui mettre sur la tête, de sa main paternelle, la couronne de discours français.

Mais vous, monsieur, qui devez connaître les mystères d'Éleusis, dites-nous, si vous le savez, pourquoi on donne l'autorisation à M. Guéroult et pourquoi on la refuse à M. Ollivier; pourquoi on la donne à M. Hippolyte Castille et pourquoi on la refuse à M. Leymarie; pourquoi on la donne à M. Ganesco et pourquoi on la refuse à M. Feuilhade de Chauvin; pourquoi on la donne à M. Paulin Limayrac et pourquoi on la refuse à M. Bonnet. J'en cherche en vain le motif et je le demande encore à l'écho. Mais assez sur ce chapitre, passons à l'avertissement.

VIII

Si jamais il y a eu un principe authentique, universellement proclamé et acclamé par la jurisprudence, c'est à coup sûr l'unité de juridiction. Le même homme ne saurait répondre du même délit devant deux tribunaux à la fois. Pourtant à l'heure qu'il est le journaliste relève simultanément d'un tribunal administratif qui peut avertir ou supprimer le journal, et d'un tribunal régulier qui peut le condamner à l'amende et à la prison. La presse offre-t-elle donc tant de danger à la société qu'elle doive nécessiter cette dérogation au premier dogme de justice ?

Il y a encore un principe de jurisprudence écrit dans la conscience de l'homme et transcrit dans la religion du droit : c'est qu'aucun inculpé ne peut être condamné sans avoir été interrogé et entendu dans sa défense. Mais malgré ce lieu commun de jurisprudence, l'avertissement frappe l'écrivain, sans l'avoir averti auparavant de la nature de son délit ; qui pourrait dire cependant qu'une explication n'aurait pas détourné la foudre de la tête du coupable ?

Vous devez avoir acquis au pouvoir le talent de la patience ; je peux donc sans scrupule vous conter une anecdote :

Un journaliste de la démocratie avait contesté le miracle de la Salette. La *Gazette de France* voulut mettre l'incrédule dans l'embarras ; elle le somma publiquement de proclamer son symbole en fait de religion. C'était sûrement une interpellation indiscrète, car personne n'a le droit de pénétrer dans le domaine réservé de la conscience et de nous contraindre à réciter notre *Confiteor* sur le boulevard. L'écrivain démocrate releva néanmoins le défi, et le lendemain il publia dans son journal une profession de foi dont voici la conclusion à peu près textuelle : « Je n'explique pas l'Évangile au
« profit du despotisme, mais au profit du malheur.
« Quand on m'aura démontré que le christianisme est
« incompatible avec la liberté, alors j'approcherai avec
« horreur de cette tombe où j'avais espéré trouver le
« repos, et non le néant. »

Le ministre de l'intérieur lut cette profession de foi, par hasard; il crut y voir une impiété à Dieu et à l'État; il eut, toutefois, la pensée heureuse d'appeler dans son cabinet le rédacteur en chef du journal.

— Monsieur, lui dit-il *ab irato*, comment avez-vous osé insérer dans votre feuille un article aussi perfide, évidemment écrit à l'adresse du pouvoir?

Le rédacteur en chef souriait dans sa barbe et gardait le silence.

— Pourquoi souriez-vous? reprit le ministre; ce que je vous dis là est sérieux, plus sérieux que vous ne croyez, car j'ai là, dans mon tiroir, un avertissement tout signé.

— Dans ce cas, Monsieur le ministre, veuillez le laisser dans votre bureau; savez-vous bien qui a rédigé ce chef-d'œuvre de perfidie contre le pouvoir régnant?

— Mais le signataire de cette mauvaise élucubration probablement, un idéologue de la plus dangereuse espèce.

— Pardon, Monsieur le ministre, le signataire de l'article n'a fait que contre-signer; mais l'homme qui l'a écrit en réalité l'a publié en 1827, si j'ai bonne mémoire.

— Et vous le nommez?

— Chateaubriand.

Le ministre avait failli avertir l'auteur du *Génie du Christianisme* pour attaque à la religion et au second empire. Je puis vous attester le fait, car si vous avez besoin d'un témoin, comme dit M. Plichon... Vous ne sauriez être témoin et partie, répondrait M. Baroche; il a raison, j'accepte l'axiome: mais le pouvoir peut-il donc être, à son tour, juge et partie, lorsqu'un journal discute la politique du pouvoir?

IX

La loi moderne a déclaré la propriété sacrée, et par cette raison elle a effacé du code la peine de la confiscation : c'est bien. Et pourtant on peut supprimer un journal. Or un journal ne représente pas seulement une opinion, il représente aussi une propriété : donc supprimer un journal... Achevez vous-même la phrase, Monsieur.

Certes, j'aime à rendre justice à qui de droit, même à un adversaire : je n'hésite pas à croire que le pouvoir armé du droit de vie et de mort sur la presse n'en fait usage qu'à la dernière extrémité, mais je ne doute pas aussi que, dans un certain ordre d'idées, il y a tel instrument qui entraîne.

Que de journaux morts de mort violente depuis dix années! Voulez-vous faire l'appel dans cette vallée de Josaphat? *Le Corsaire*, mort; *la Mode*, morte; *l'Assemblée nationale*, morte; la *Revue de Paris*, morte; *l'Estafette*, morte; le *Courrier de Paris*, mort; *l'Avenir*, mort; *l'Univers*, mort; le *Journal de Saint-Quentin*, mort; *la Jeunesse*, morte; *la Jeune France*, morte; la *Gazette de Lyon*, morte; *l'Ami de la Religion*, asphyxié, puis ressuscité dans *le Globe*, mort lui-même du fait de cette incarnation, etc., etc., etc., etc. Est-ce là, Monsieur, un procès-verbal assez chargé de nécrologie?

La plume du ministre tremble sans doute, lorsqu'il faut signer l'immolation d'un journal à la sûreté de l'Empire; mais, toutefois, le ministre a-t-il écouté la justification de la victime? connaît-il par lui-même, a-t-il pu suivre, jour par jour, cette longue série de délits dignes du dernier supplice? Il ne peut les connaître évidemment que par les rapports de certains commis que, dans la langue métaphysique de l'administration, on appelle les bureaux.

Or, à l'époque de l'enquête de la police sur la presse de province, un journal officieux a bien voulu nous apprendre que les bureaux du ministère de l'intérieur pouvaient à l'occasion commettre une énormité. Nous en avions déjà eu la preuve dans l'arrêt de mort de la *Revue de Paris*. M. Billault savait trop le prix du temps qu'il consacrait au service de l'État pour perdre la moitié d'une année à relire la volumineuse collection de cette revue. Il avait dû confier à une demi-douzaine de subalternes l'opération laborieuse de suivre, à la piste, les articles criminels, qui ont motivé la suppression d'une œuvre de doctrine, plutôt que de polémique, dirigée par M. Laurent Pichat, et rédigée par l'élite de la démocratie.

Or, parmi les articles coupables de *démagogie*, c'est le mot même du décret, M. le ministre de l'intérieur a relaté *l'Ame du bourreau* de M. Maxime du Camp. *L'Ame du bourreau?*... vous comprenez d'avance le contenu rien que sur l'étiquette; c'était l'ombre sanglante de 93, la guillotine debout sur la place de la Révolution, la tête de Louis XVI dans la main de Sanson. Eh bien, en réalité, n'en déplaise au buraliste chargé de la besogne de juge d'instruction, *l'Ame du bourreau* faisait le titre d'une charmante nouvelle, purement littéraire, incontestablement morale, une doctrine d'expiation échafaudée sur la théorie de la métempsycose. Un homme a tué, et en punition du meurtre son âme passe dans le corps du bourreau. Rien de plus, rien de moins, si ce n'est la puissance d'invention et la mise en scène du récit. Mais, d'un bout à l'autre, pas la moindre trace de politique, encore moins de démagogie. Il y a mieux encore : aujourd'hui même le *Moniteur* fait l'éloge de la pensée et de la morale de cette même nouvelle, de cette même *Ame du bourreau!* Cet éloge, hélas! ne ressuscitera pas la Revue.

Le ministre avait en outre cité, parmi les articles factieux admis à l'hospitalité de la *Revue de Paris*, un travail de notre connaissance particulière, intitulé : *La royauté en déshabillé.* Ici encore le titre avait trompé le bureau. La royauté en robe de chambre?... ce devait être à la première vue, c'était sûrement la couronne traînée au ruisseau, la carmagnole dansée sur la place du Carrousel, la démagogie enfin poussée à son dernier paroxysme.

Voulez-vous connaître maintenant la vérité sur cette œuvre de jacobinisme? C'est tout simplement l'histoire anecdotique du grand Frédéric, une protestation contre le cynisme de l'école de Lamettrie. La première partie avait paru dans *la Presse* sous le titre de *Rois philosophes*, la seconde avait paru dans la *Revue* sous le pseudonyme de *Royauté en déshabillé*, et le tout a reparu en volume à la librairie de Pagnerre, sous son premier nom de baptême. Si jamais un jour M. Billault retrouve le loisir de la retraite, il pourra lire cet ouvrage pour son édification ; il regrettera peut-être alors de nous avoir fait démagogue par décret.

X

Autrefois les procès de presse relevaient du jury. Les délits de la parole, disait-on, dépendent surtout de l'état de l'atmosphère, et le juré peut mieux l'apprécier que le juge de profession. Aujourd'hui la police correctionnelle a remplacé le jury, et je peux ajouter, sans manquer de respect à la magistrature, elle l'a remplacé parce qu'elle offrait plus de garantie à la répression. Mais cette répression légale, contradictoire, nous l'accepterions encore, comme une arrhe précieuse d'un avenir meilleur, sans retourner la tête en arrière, ni jeter sur le passé un regard de mélancolie.

Mais pourquoi avoir retiré à l'écrivain le bénéfice de la publicité de l'audience? C'est surtout en faveur de l'accusé que la jurisprudence avait consacré le principe de la publicité ; uniquement pour le faire juger sous le regard et avec le concours de l'opinion. Le public constitue en réalité un grand jury extérieur qui, bien qu'absent du tribunal, n'a pas moins sa part de rédaction tacite dans le libellé d'un arrêt.

Tous les délits ont cette garantie de publicité, tous, depuis le vagabondage jusqu'à l'escroquerie, tous, excepté celui-là précisément qui par sa nature est le plus indéfini, le plus indéfinissable, le plus fluide, le plus aérien, le plus difficile à saisir, le plus soumis à l'interprétation, par conséquent à l'erreur. L'écrivain mis sur la sellette pour un *lapsus* de plume n'a pas le même droit que le dernier voleur à la garantie de la publicité. La publicité meurt pour lui à la porte de l'audience. Qu'a-t-il donc fait pour mériter cette nouvelle excommunication du droit commun?

Ce qu'il a fait? Il a fait la France moderne; tout à l'heure je racontais sa gloire, maintenant voyez-le passer. Voilà l'*Ecce homo* de la pensée; a-t-il assez souffert, a-t-il assez expié? Que faut-il encore pour qu'il ait le droit de reprendre la parole et de contribuer à l'éducation du pays?

Mais quel service peut-il rendre au peuple, quel coup peut-il porter sur l'opinion, avec le danger de l'avertissement, avec le péril de la suppression, avec un censeur invisible, un spectre muet, toujours debout derrière sa chaise et penché sur son épaule? Ce mot aurait peut-être l'éloquence d'une vérité, mais il prêterait à mauvaise interprétation. L'écrivain doit mutiler son esprit, le forcer à balbutier je ne sais quel son confus pour faire illusion au public. Le dégoût de son œuvre le prend alors, avant même qu'il l'ait commencée. Il n'écrit plus sa pensée, il la vomit.

Car la première condition de l'intelligence au travail, c'est la confiance en elle-même, c'est la foi à son inspiration; mais qu'elle vienne à douter de la sibylle intérieure et à la regarder comme une ennemie intime à arracher de son cœur et à rejeter loin d'elle, alors elle baisse la tête et invoque comme un bienfait le droit au silence.

Mais ce droit elle ne l'a même pas; il faut que sous peine de forfaiture à sa croyance elle continue d'en rendre témoignage. Cette diminution de soi-même, cette immolation de ce qu'on croit avoir de meilleur, c'est là, j'ose le dire, la plus cruelle épreuve pour l'ouvrier de l'intelligence. L'âge peut venir, il vient déjà; il apportera sans doute avec lui sa tristesse... la douleur n'aura plus rien à nous apprendre.

XI

Il faut cependant prendre un parti; la liberté de la presse est-elle un mal ou est-elle un bien?

Si elle est un mal, qu'on la supprime une fois pour toutes et qu'on n'en parle plus. La France ira modestement rejoindre la civilisation de la Sibérie. Mais si la liberté de la presse est un bien, comme le croit M. de Persigny, si elle est encore, comme il le dit, l'âme de l'Angleterre, l'explication de sa prospérité, pourquoi nous en refuser le bienfait? Qu'attend-on encore pour la donner ou plutôt pour la rendre à notre pays? M. de Persigny va répondre sans doute : On attend que notre siècle ait eu le loisir de fonder la nouvelle dynastie.

Mais M. le ministre de l'intérieur a-t-il bien pesé toute la gravité de sa réponse? Si la liberté de la presse est un bien par elle-même, elle est un droit à plus forte raison, j'allais dire, avec M. Royer-Collard, le premier droit de la nation. Et on viendrait aujourd'hui opposer un droit à un autre droit, le droit de la dynastie au droit de la France! Mais ce serait manquer de respect à l'une et à l'autre que de proclamer leur incompatibilité, ne fût-ce que d'un instant.

A supposer même un antagonisme provisoire entre le droit du peuple et le droit du souverain, lequel des deux devrait l'emporter sur l'autre, dans cette hypothèse? Est-ce le peuple qui est fait pour le souverain, ou le souverain qui est fait pour le peuple? M. de Persigny a-t-il donc oublié qu'un gouvernement sorti du suffrage universel mettra toujours son orgueil à n'être que le serviteur des serviteurs, et qu'une dynastie n'exerce un droit exceptionnel que pour mieux protéger précisément tous les droits de la nation? En parlant ainsi, je crois flatter le gouvernement et en faire la théorie.

Et où donc ensuite, et sur quel point ignoré de la planète, M. de Persigny a-t-il vu que la compression de la pensée ait jamais servi à la fondation d'une dynastie? J'aperçois bien une dynastie de fraîche date en Grèce, en Belgique, en Portugal, en Italie, car Victor-Emmanuel peut passer pour un roi de la veille à Florence; mais c'est par la liberté de la presse que toutes ces dynasties printanières ont pris racine dans le peuple, et sur la liberté de la presse que toutes ont laissé fleurir leur popularité.

Il y a, en ce moment, par opposition, bien des dynasties tombées ou errantes le long des fleuves de l'Europe :

eh bien! franchement, est-ce pour avoir signé la liberté de la presse ou pour l'avoir refusée que le roi de Naples mange, à l'heure où je parle, le pain du pape au palais Farnèse? Est-ce pour avoir laissé la parole à l'opinion publique ou pour l'avoir tenue au secret que le duc de Modène aiguise chaque jour son sabre sur une borne de Vienne, et veut reprendre, à la tête de son régiment, une revanche de Solferino?

Le fait désavoue donc, autant que le raisonnement, la théorie de M. de Persigny. La compression de la pensée n'a jamais fondé de dynastie, pas même la dynastie de Hanovre. Comment M. de Persigny peut-il ignorer que, le jour où la famille de Hanovre entrait en fonction, le peuple anglais possédait la liberté de la presse, écrite bien mieux que sur une feuille de papier? Il possédait la liberté incarnée dans l'institution vivante du jury. Qu'on accorde en France à tout citoyen le droit de fonder un journal, et qu'on replace le délit de la parole sous la garantie du jury; de ce moment nous avons touché notre part de la révolution française et nous acquittons 89 de la promesse qu'il nous a faite dans la Constitution.

Je reconnais sans doute qu'en signant le décret de novembre, M. de Persigny voulait de bonne foi épouser la liberté, sans consommer trop brusquement le mariage. Pendant toute la durée de cette lune de miel platonique, il a essayé de desserrer en douceur le régime de la presse, de la laisser respirer et parler un peu plus librement que par le passé; mais il a pu constater à la pratique qu'il avait tenté une œuvre contradictoire. On ne donne **pas et on ne retient pas la liberté, on la reconnaît,** voilà tout; il faudrait plaindre le peuple qui accepterait la tolérance comme une indemnité suffisante du droit de parler.

XII

Mais, nous dit-on encore, le gouvernement ne saurait désarmer devant les partis; que les partis désarment les premiers, et le pouvoir leur permettra d'admirer librement le pouvoir.

Si vous attendez la démission des partis pour restituer à la France la liberté de la presse, alors vous attendrez longtemps. Il y a toujours eu dans une nation et il y aura toujours des partis, et par là nous entendons des hommes groupés autour d'un principe. Les intérêts sans doute entrent, pour une part, dans la constitution des partis, à la condition toutefois de commencer par rendre compte d'eux-mêmes et de monter au rang de théorie.

Les idées seules peuvent unir les hommes entre eux, en rattachant les esprits les uns aux autres, par l'unité de croyance. L'existence d'un parti implique donc toujours la préexistence d'un principe. Aussi, lorsqu'un écrivain les oppose l'un à l'autre, et confesse qu'il n'est l'homme d'aucun parti, qu'il est uniquement l'homme d'un principe, je ne le comprends pas ou je crains de trop le comprendre.

Les partis représentent donc les diverses opinions

d'un pays, toutes légitimes, chacune à sa place et dans sa mesure. Leur lutte contribue autant à la grandeur d'une nation que la concurrence au développement de l'industrie : si l'Angleterre occupe le premier rang dans l'histoire de la liberté ; si, comme une autre île de Délos, elle possède le dieu du jour, elle doit cette bonne fortune à la rivalité du parti whig avec le parti tory et à la surexcitation d'énergie provoquée, par cette rivalité même, dans l'esprit du peuple anglais.

Qu'un parti toutefois, mécontent de sa part d'influence toujours proportionnelle à sa part de vérité, cherche à escamoter subrepticement ou violemment la direction exclusive du pouvoir, il dépose à ce moment son caractère de parti, pour tomber à l'état de faction.

Or, autant on doit respecter les partis, autant il faut repousser les factions, car, eussent-elles la vérité en main, elles la compromettent cruellement en la retirant à la discussion, c'est-à-dire à l'opinion publique, pour la jouer au jeu de la force et la mettre en quelque sorte en loterie.

La vérité, par son harmonie de nature avec la raison, a toujours la chance de gagner la partie devant la raison ; mais, devant la force, elle peut la perdre aussi bien que la gagner. Alors même qu'elle sortirait victorieuse du combat, par cela seul qu'elle aurait fait alliance avec sa propre contradiction, elle prouverait une fois de plus l'impuissance de la victoire qui n'est qu'une surprise.

La science de l'homme d'État, au long regard, consiste donc à empêcher les partis de devenir des factions, ou à forcer les factions à devenir des partis ; mais pour opérer ce miracle de conversion nous ne connaissons d'autre baguette magique en ce monde que la liberté.

La persécution systématique d'un parti le rejette dans la révolte : la violence appelle la violence. Le parti opprimé peut courber la tête, mais sa résignation n'est qu'un calcul de probabilité, et l'insurrection ajournée jusqu'au jour où il croira pouvoir jeter son sang au vent, avec quelque chance de succès.

Revenons encore au peuple anglais, cet enseignement vivant de la véritable politique en Europe. Au dix-septième siècle, en Angleterre, le parti tory a voulu exterminer le parti whig, et le parti whig, à son tour, a voulu écraser le parti tory. En fin de compte, ils ont établi sur le même sol la guerre civile en permanence ; tour à tour vainqueur et vaincu, ils ont repris à satiété, dans les veines l'un de l'autre, le sang que l'un et l'autre avaient versé.

Mais un jour vint où le prince d'Orange donna également la liberté aux deux partis. Les deux partis également libres, également condamnés à ne plus faire de faute qui ne tournât aussitôt au profit de l'adversaire, ont fait des efforts incroyables de génie pour garder chacun l'avantage et mettre enchère sur enchère à la gloire de leur pays.

Quand donc finira-t-on par comprendre aussi en France qu'un parti, quel qu'il soit, constitue un élément de la vie et correspond à un besoin de la société ? Nous l'avons déjà dit et nous demandons la permission de le redire, s'il n'y avait sur la terre que le parti du progrès, l'humanité ne prendrait jamais le temps de la réflexion ; s'il n'y avait que le parti du passé, l'humanité ne perfectionnerait jamais sa destinée ; s'il n'y avait aucun parti, l'humanité, sans regret comme sans désir, tomberait en léthargie.

L'action et la réaction des partis dans le corps social, comme l'action et la réaction des organes dans le corps humain, donnent donc le mouvement à une nation, et, par leur contre-poids réciproque, la régularité au mouvement.

Et vous cherchez à supprimer les partis ! Mais savez-vous ce que vous feriez en réalité ? Vous effaceriez de la carte un quart, peu importe le chiffre, un tiers peut-être de la France, et, nous osons ajouter, toute son intelligence et toute sa moralité, car sans contradiction plus de pensée, et sans contrôle plus de vertu. Je dis là sans doute, Monsieur, un mot passé de mode, mais je persiste à croire que la vertu dans ce monde pourrait bien avoir encore son utilité.

XIII

Vous voulez que les partis désarment ? Tous les gouvernements l'ont voulu comme vous, bien qu'ils ne fussent tous en réalité que des partis jetés au pouvoir par les événements. Faites mieux, vous dirais-je, désarmez vous-même les partis.

Quelle est l'arme, en effet, la plus dangereuse qu'ils puissent tourner contre vous? C'est la revendication d'un principe de justice. Quand vous retirez un droit à un parti, vous faites de ce parti le représentant de ce droit, vous l'habillez de la pourpre de ce droit, vous le revêtez de la majesté de ce droit, et vous vous affaiblissez de toute la force d'emprunt que vous lui avez communiquée par votre imprudence.

Il y a un mot, le plus beau de toute langue parlée, le mot de *liberté*, car ce mot représente la nature supérieure de l'homme, toute dignité, toute prospérité icibas, puisqu'en traversant une contrée on peut dire à coup sûr, en voyant la moisson ou la terre en friche : Voilà un peuple libre ou voilà un peuple esclave. Et quand vous avez ou quand vous craignez d'avoir en face de vous une opposition ardente, voici qu'à point nommé et de propos délibéré vous laissez, que dis-je! vous mettez vous-même dans la main de cette opposition, quoi donc? ce mot de *liberté*, votre premier danger, le premier besoin d'un peuple, le premier cri de l'âme marquée au cachet royal de la fierté.

Vous créez ainsi, de gaieté de cœur, le parti libéral, le seul formidable contre vous; car il forme le trait d'union de tous les autres partis, car il attire sans cesse à lui, comme à un rendez-vous commun, toutes les intelligences, toutes les souffrances, toutes les ambitions, toutes les candidatures du talent; car il représente le gouvernement mystique de la vérité, car il a pour lui la complicité du temps, car l'Europe tout entière conspire pour la liberté, car partout où elle parle encore à haute voix c'est la liberté qu'elle proclame, et partout où une nation frissonne jusque dans sa dernière fibre, c'est qu'elle accouche de la liberté.

Vous craignez le parti libéral et vous le fortifiez à plaisir, en le laissant à côté de vous comme le prétendant populaire de l'avenir. Voulez-vous le tuer, au contraire? donnez la liberté : que pourra-t-il désormais contre vous? Vous attaquer au nom de son principe? mais il en a perdu le monopole. C'est vous désormais qui en avez le mérite devant l'opinion, et, par conséquent, la popularité.

Un mot encore. Sans doute, Monsieur, je n'ai pas à faire le siége de votre conviction. Dans votre esprit comme dans l'esprit de M. de Persigny, la liberté n'est plus une thèse à débattre ni une hypothèse à poser, elle est une vérité prouvée, la dernière expression de l'empire, la toiture enfin de l'édifice. Seulement vous en faites une question d'opportunité, une affaire d'horloge; vous laissez à l'aiguille le soin de la poursuivre en silence sur le cadran. Enfin une heure sonnera un matin, et cette heure nous aura rendu la liberté.

Quand sonnera-t-elle cependant?... Eh quoi! dirais-je au pouvoir en votre personne, vous avez pour vous l'unanimité de l'opinion, vous l'affirmez en toute circonstance, et l'Europe vous croit sur parole. Chaque fois que vous consultez la France, que vous mettez l'urne sur la table, chaque fois que vous la videz, elle est pleine de vous; il n'y a que vous qui puissiez y entrer, que vous qui puissiez en sortir. Le sénat, c'est vous; le corps législatif, c'est vous encore, sauf quatre ou cinq voix égarées; le conseil général d'un bout à l'autre de la France, c'est vous; le conseil municipal, c'est vous; l'administration, c'est vous, — plus que vous peut-être; — la société de Saint-Vincent-de-Paul, c'est vous; la franc-maçonnerie, c'est vous; et quand vous parlez, votre voix nous revient par tous les échos à la fois, de la commune, du canton, de la ville, du commerce et de l'industrie, de la terre et de l'usine. Et vous hésitez à rendre la parole au peuple français? Je vous trouve en conscience trop de modestie. Quel danger peut-il y avoir à laisser librement éclater au soleil, comme un immense chant d'orphéon, l'enthousiasme universel du pays?

Vous faites-vous donc une idée si terrible de la puissance du journaliste plus ou moins obscur, que vous puissiez croire une minute qu'avec une goutte d'encre, et par une sorte de maléfice emprunté à la magie, il va tout à coup retourner l'opinion, et changer au fond de la cervelle ou sur la lèvre de la France l'affection en désaffection et l'admiration en raillerie? Mais, à ce compte, il n'y aurait qu'un pouvoir au monde, le pouvoir du journal. C'est beaucoup d'honneur pour une feuille de papier. Mais qui donc a jamais opéré le miracle de changer, d'un seul mot, non pas même la pensée d'un peuple, la conviction seulement d'un parti? Quant à moi, je l'avoue humblement, j'ai beaucoup discuté dans ma vie, beaucoup écrit, hélas! et jamais, que je sache, je n'ai converti le plus petit million d'âmes à ma croyance.

Ce n'est que le temps, le seul journaliste à la façon dont vous l'entendez, qui ait ce don souverain de déclasser et de reclasser l'opinion, mais par une évolution spontanée, et en quelque sorte par la grâce intérieure de chacun. La parole, sans doute, contribue à ce déplacement graduel de l'esprit public, mais à la condition rigoureuse de prêcher la vérité et d'abonder dans le sens de l'histoire. Que craignez-vous alors? n'avez-vous pas la vérité, et n'avez-vous pas signé avec l'histoire un contrat d'assurance?

XIV

Que craignez-vous encore? une guerre de discussion? Mais, par amour-propre, vous devez au contraire la rechercher, puisque, à votre point de vue, vous avez l'avantage de la raison. Ce ne sera qu'une occasion de plus pour vous de prouver la sagesse de votre principe.

Une guerre d'injure? Mais l'injure entre-t-elle donc si profondément en vous que vous puissiez dire : Périsse plutôt la liberté? Voudrez-vous donc, dans le même esprit de timidité, renoncer à sortir dans la rue de peur de l'éclaboussure. Mais l'éclaboussure, quand elle vient de l'esprit de mensonge, nous devons l'attendre au contraire comme une récompense. Si le compliment accueillait partout l'homme dévoué à son pays, où serait le mérite du sacrifice?

La guerre de l'épigramme? Mais quoi! les hommes d'État, c'est-à-dire les forts par le cœur comme par la pensée, doivent-ils donc avoir les délicatesses de nerfs des petites-maîtresses qui ne peuvent entendre une dissonance sans tomber en syncope? Lorsqu'on fait tant que de monter au pouvoir, il faut avoir l'épiderme robuste à l'outrage. Une épigramme de journal! Hé! que vous importe? Est-ce la première fourmi qui vous aura piqué?

Une guerre de calomnie? Mais vous avez à côté de vous la magistrature qui veille sur son siége, et qui saura bien, à l'occasion, refouler la phrase coupable dans la gorge du calomniateur. Vous pouvez vous fier à sa vigilance. C'est la femme de César; elle est au-dessus du soupçon.

Une guerre de rue? Ah! Monsieur, pourriez-vous supposer qu'un journal va mettre un matin ses abonnés en tenue de campagne, et les envoyer la tente et le sac sur le dos livrer bataille, à qui? à un gouvernement qui a vaincu la Russie, qui a défait l'Autriche, qui a dans la main, sous la main, ses lois contre les cris séditieux, ses lois contre les attroupements, ses lois contre les tentatives de rébellion, ses lois contre les sociétés secrètes, ses lois contre les intelligences à l'intérieur, et enfin, derrière ces lois écrites, ces autres lois vivantes, quatre cent mille hommes d'infanterie, cent mille hommes de cavalerie, deux mille pièces d'artillerie, deux mille canons rayés, les forts détachés, les forteresses, des yeux partout, des oreilles partout, et des ordres partout portés et rapportés, avec la rapidité des rayons du soleil, par les estafettes invisibles du télégraphe! Attaquer le pouvoir dans cette condition, c'est vouloir prendre la foudre avec la main; une folie, et rien de plus. Dans ce cas, Charenton suffit.

Que le gouvernement plutôt, placé si haut, comme il l'est dans son opinion, au-dessus du murmure de la journée, ose enfin avoir la conscience de sa force et dire une fois pour toutes à la France : « Parlera qui voudra, écrira qui voudra, dans la limite de la loi, sans que j'aie à mettre la main sur aucune opinion et à prendre parti pour aucune idée. Je ne suis pas un pape, ni un dogme imposé à la conscience, au nom de l'infaillibilité. Je suis encore moins un chef d'école ou le missionnaire armé d'une idée ! Je règne également sur tous, pour garantir également à tous leur droit inné de doctrine ou de croyance. Je laisse à la raison publique, seule juridiction compétente en cette matière, la prétention de distinguer la vérité de l'erreur ; et, quant au reste, c'est-à-dire le jugement au jour le jour de la politique courante, le bien que je fais selon mon idée et que je ferai encore, écrit d'avance dans le bien que j'ai déjà fait, me défendra et défendra ma conduite devant l'opinion. Si cette défense ne suffit pas, aucune autre n'aurait plus de succès. Un peuple marqué au sceau d'une pareille ingratitude ne mériterait pas plus d'être enchaîné que d'être gouverné. Ce ne serait que le rebut de l'histoire. Il faudrait l'abandonner à son destin. »

En parlant ainsi, le gouvernement donnerait à la France une marque d'estime. La proclame qui voudra indifférente à sa propre dignité. J'ai mis, moi aussi, la main sur son cœur, et je ne l'ai pas trouvé si tiède à la liberté que le parti servile veut bien le supposer. On répète souvent autour de moi que la liberté peut convenir tout au plus à la Belgique. Chaque fois que le patriotisme entend ce langage, il devrait sentir le rouge lui monter à la figure. Et pourquoi donc la liberté conviendrait-elle plus à la Belgique qu'à la France elle-même? N'est-ce pas la France qui l'a initiée à cette gloire du siècle? la France qui a donné la première au continent le signal de la révolution? la France qui a combattu pour elle, et versé pour elle le sang de toutes ses veines, et abrité tous les opprimés sous les plis du drapeau tricolore? La Belgique a-t-elle donc plus d'intelligence que nous, plus de vertu que nous, pour porter ainsi à notre frontière, à notre porte, la couronne civique de la liberté, comme la raillerie en quelque sorte de notre corruption et de notre impuissance?

J'ai dit, Monsieur, tout ce que j'avais à dire; tout? non, mais assez pour la décharge de ma conscience. Probablement j'ai cherché à convertir un converti. Mais si je vous ai confirmé dans votre conviction, j'aurai gagné ma journée. Une heure sonne en ce moment. Est-ce l'heure attendue? Je vous quitte pour aller le savoir.

XV

Je reviens, Monsieur. J'ai bien entendu en effet la cloche sonner, mais, hélas! elle sonnait le glas de *l'Orléanais,* peut-être du *Progrès* de Lyon, et à ce moment même je sens sous mes pieds le sol trembler. Qu'est-ce donc? quel vent souffle? Le soleil avait reparu et nous avait rapporté la fête de la lumière... N'importe! il a été dit à l'homme : Marche! Marchons donc d'un pas tranquille, sans nous inquiéter de la longueur ni de la tristesse du chemin.

ŒUVRES COMPLÈTES

DE

W. SHAKESPEARE

TRADUCTION NOUVELLE

PAR

FRANÇOIS-VICTOR HUGO

AVEC UNE INTRODUCTION

PAR

VICTOR HUGO

Cette traduction, la seule exacte, la seule complète, est faite non sur la traduction de Letourneur, mais sur le texte de Shakespeare. On sait que la version de Letourneur a servi de type à toutes les traductions publiées jusqu'ici et qu'elle est restée bien loin de l'original.

M. François-Victor Hugo a complété ce monument, élevé à Shakespeare, par la reproduction des chroniques et des légendes, aujourd'hui oubliées, sources de tant de chefs-d'œuvre.

Nouvelle par la forme, nouvelle par les compléments, nouvelle par les révélations critiques et historiques, cette traduction sera nouvelle surtout par l'association de deux noms. Elle offrira au lecteur cette nouveauté dernière : l'auteur de *Ruy-Blas* commentant l'auteur d'*Hamlet*.

Chaque volume, format in-8°, contenant
UNE INTRODUCTION, DES NOTES ET UN APPENDICE
SE VEND SÉPARÉMENT
Trois francs cinquante centimes.

Exemplaires d'amateurs sur papier glacé et satiné vélin vergé fort,
Chaque volume : 7 francs.

DIVISION DE L'OUVRAGE

I. — LES DEUX HAMLET.

II. — LES FÉERIES.
LE SONGE D'UNE NUIT D'ÉTÉ.
LA TEMPÊTE.

III. — LES TYRANS.
MACBETH.
LE ROI JEAN.
RICHARD III.

IV. — LES JALOUX. I.
TROYLUS ET CRESSIDA.
BEAUCOUP DE BRUIT POUR RIEN.
LE CONTE D'HIVER.

V. — LES JALOUX. II.
CYMBELINE.
OTHELLO.

VI. — LES COMÉDIES DE L'AMOUR.
LA SAUVAGE APPRIVOISÉE.
TOUT EST BIEN QUI FINIT BIEN.
PEINES D'AMOUR PERDUES.

VII. — LES AMANTS TRAGIQUES.
ANTOINE ET CLÉOPATRE.
ROMÉO ET JULIETTE.

VIII. — LES AMIS.
LES DEUX GENTILSHOMMES DE VÉRONE.
LE MARCHAND DE VENISE.
COMME IL VOUS PLAIRA.

IX. — LA FAMILLE.
CORIOLAN.
LE ROI LEAR.

X. — LA SOCIÉTÉ.
MESURE POUR MESURE.
TIMON D'ATHÈNES.
JULES CÉSAR.

XI. — LA PATRIE. I.
RICHARD II.
HENRI IV (1re partie).
HENRI IV (2e partie).

XII. — LA PATRIE. II.
HENRI V.
HENRI VI (1re partie).

XIII. — LA PATRIE. III.
HENRI VI (2e partie).
HENRI VI (3e partie).
HENRI VIII.

XIV. — LES FARCES.
LES JOYEUSES ÉPOUSES DE WINDSOR.
COMÉDIE D'ERREURS.
LA NUIT DES ROIS.

XV. — LES SONNETS ET LES POÈMES.

PARIS. — IMPRIMERIE DE J. CLAYE, RUE SAINT-BENOIT, 7.

www.ingramcontent.com/pod-product-compliance
Lightning Source LLC
Chambersburg PA
CBHW060938050426
42453CB00009B/1075